Impressum
Verlag: BABADADA GmbH, Nedderfeld 112 , 22529 Hamburg
Geschäftsführer / Verlagsleitung: Harald Hof
Druck: Books on Demand GmbH, In de Tarpen 42, 22848 Norderstedt

Imprint
Publisher: BABADADA GmbH, Nedderfeld 112 , 22529 Hamburg, Germany
Managing Director / Publishing direction: Harald Hof
Print: Books on Demand GmbH, In de Tarpen 42, 22848 Norderstedt

# school
# makaranta

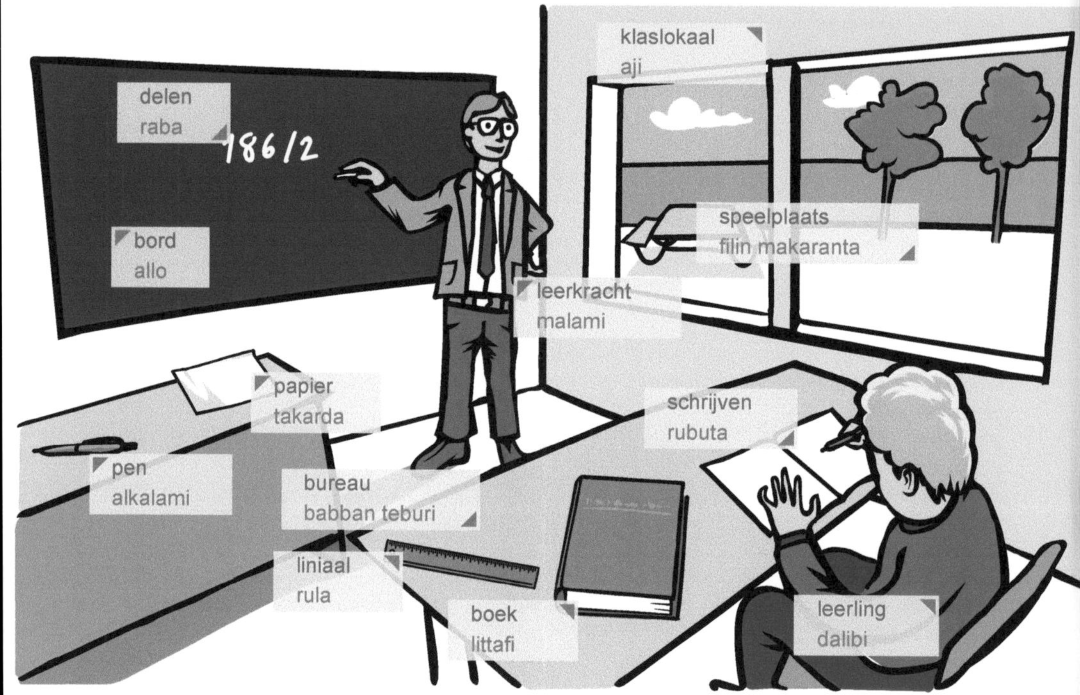
klaslokaal
aji
delen
raba
186/2
bord
allo
speelplaats
filin makaranta
leerkracht
malami
papier
takarda
schrijven
rubuta
pen
alkalami
bureau
babban teburi
liniaal
rula
boek
littafi
leerling
dalibi

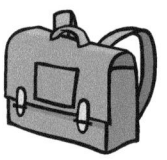

schooltas
jakar makaranta

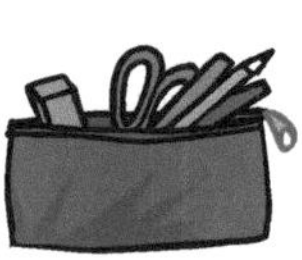

pennenzak
gidan fensir

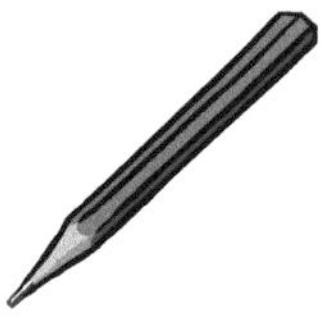

potlood
fensir

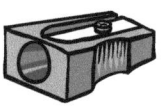

puntenslijper
abin fike fensir

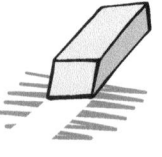

gom
kilina

tekenblok
kwalin zane

tekening

zane

verfborstel

burushin fenti

verfdoos

gwangwanin fenti

schaar

almakashi

lijm

gam

werkboek

littafi aiki

huiswerk

aikin gida

nummer

lamba

optellen

kara

aftrekken

debe

vermenigvuldigen

yi sau

rekenen

kwakuleta

letter

wasika

alfabet

harafi

woord

kalma

tekst

rubutu

Lezen

karanta

krijt

alli

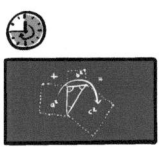

les

darasi

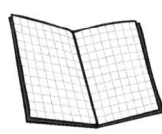

klassenboek

rijista

examen

jarabawa

certificaat

satifiket

schooluniform

kayan makaranta

onderwijs

ilimi

encyclopedie

kundin ilimi

universiteit

jami'a

microscoop

madubin kimiyya

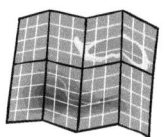

kaart

taswira

papiermand

kwandon shara

# reis

# bulaguro

hotel
otal
Grand
jeugdherberg
dakunan dalibai
wisselkantoor
gidan canjin kudi
koffer
karamin akwati
auto
karamar mota

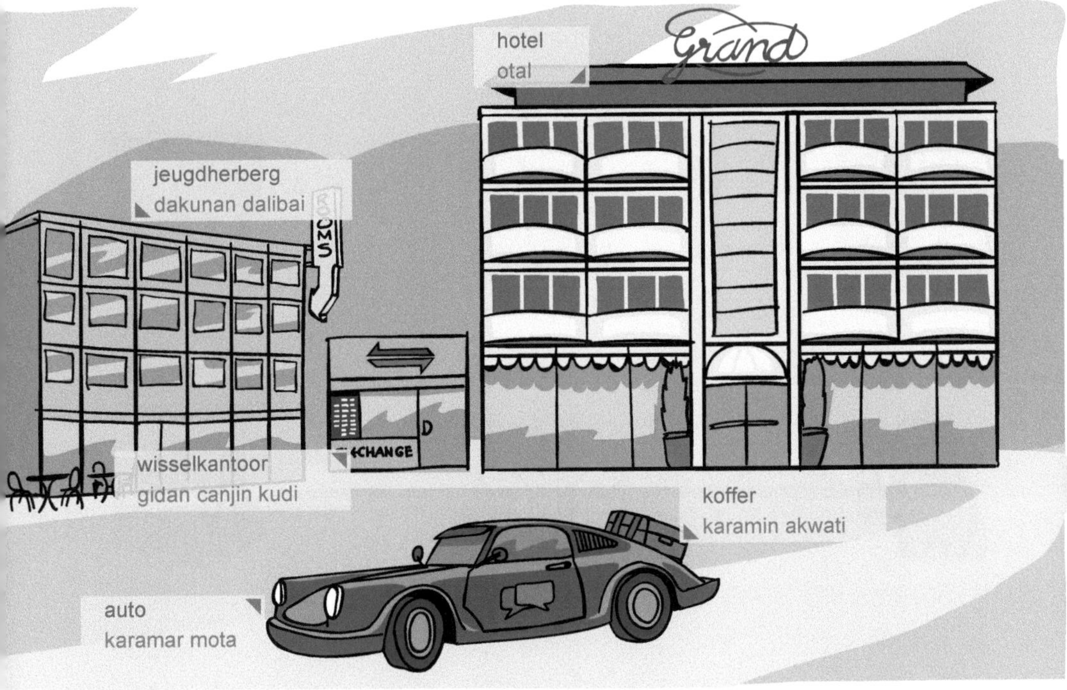

Taal

yare

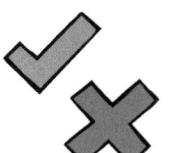

ja / nee

e/a'a

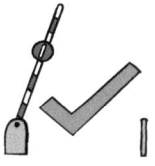

oké

Ya yi

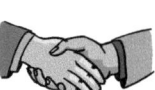

hallo

barka dai

vertaler

mai fassara

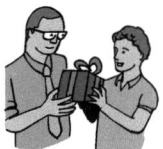

bedankt

Na gode

Hoeveel kost ...?

nawa ne...?

Ik begrijp het niet

ban gane ba

probleem

matsala

Goedenavond!

Barka da yamma!

Goedemorgen!

Ina kwana!

Goedenavond!

barka da dare!

Tot ziens

sai an jima

richting

alkibla

bagage

kaya

zak

jaka

rugzak

jakar goyawa

gast

bako

kamer

daki

slaapzak

jakar barci

tent

tanti

toeristeninformatie

bayanin dan yawon bude-ido

strand

bakin ruwa

kredietkaart

katin banki

ontbijt

karin kumallo

lunch

abincin rana

avondeten

abincin dare

ticket

tikiti

lift

daga

postzegel

hatimi

grens

iyaka

douane

kudin fiton kaya

ambassade

ofishin jakadanci

visum

biza

paspoort

fasfo

# transport
# abin hawa

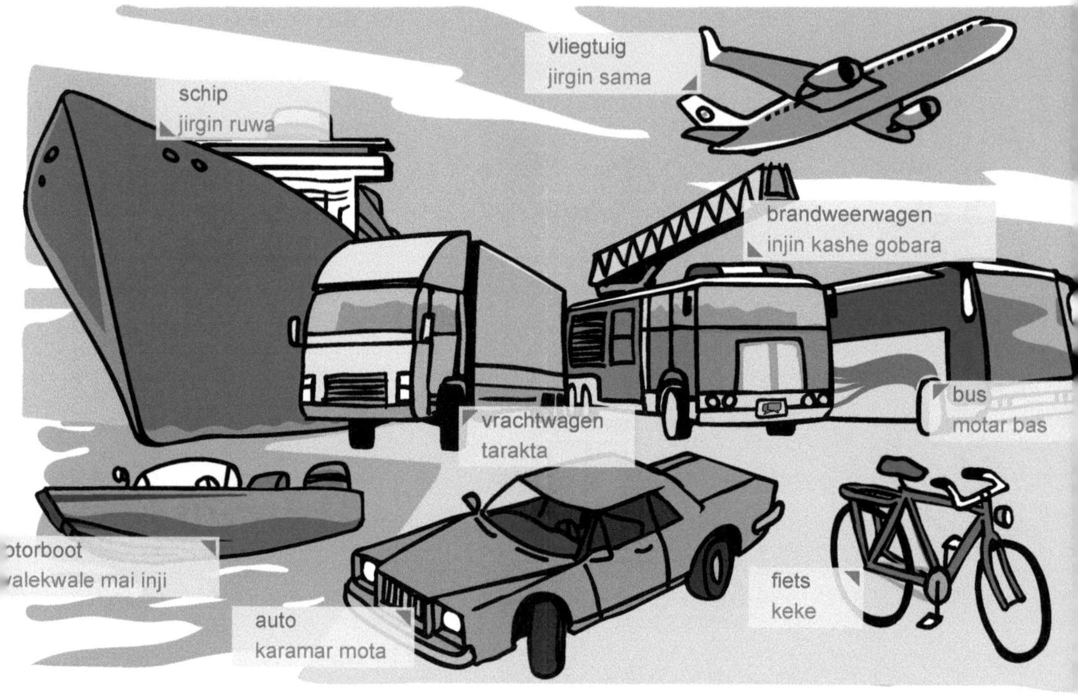
vliegtuig
jirgin sama
schip
jirgin ruwa
brandweerwagen
injin kashe gobara
bus
motar bas
vrachtwagen
tarakta
otorboot
alekwale mai inji
fiets
keke
auto
karamar mota

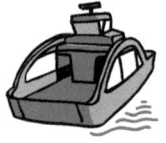

veerboot
karamin jirgin ruwa

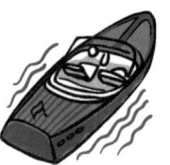

boot
kwalekwale

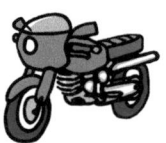

motor
babur

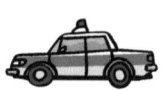

politiewagen
motar 'yansanda

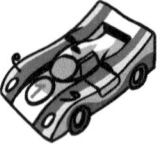

racewagen
motar tsere

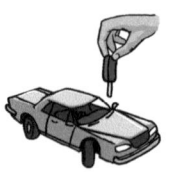

huurauto
motar haya

carpoolen

tarayyar karamar mota

sleepwagen

babbar mota da ta lalace

vuilniswagen

motar shara

motor

mota

benzine

mai

benzinestation

gidan mai

verkeersbord

alamar titi

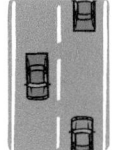

verkeer

zirga-zirga

file

cunkoson ababen hawa

parkeerplaats

wurin ajiye mota

station

tashar jirgin kasa

sporen

filin tsere

trein

jirgin kasa

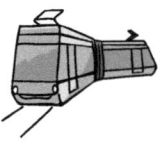

tram

jirgin kasa mai kyabil

wagon

keken doki

helikopter

helikwafta

luchthaven

filin jirgin sama

toren

hasumiya

passagier

fasinja

container

mazubi

karton

kwali

kar

amalanke

mand

kwando

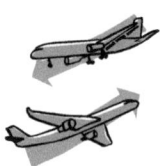

opstijgen / landen

tashi / sauka

## stad

## birni

dorp

kauye

stadscentrum

tsakiyar birni

huis

gida

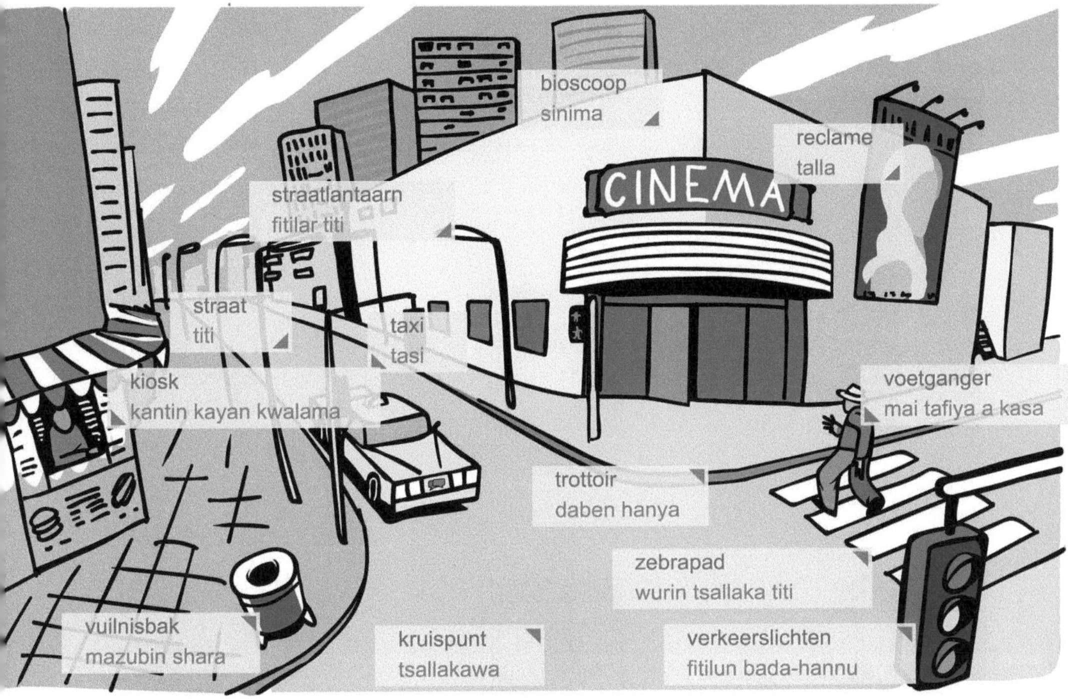

bioscoop
sinima

reclame
talla

straatlantaarn
fitilar titi

CINEMA

straat
titi

taxi
tasi

kiosk
kantin kayan kwalama

voetganger
mai tafiya a kasa

trottoir
daben hanya

zebrapad
wurin tsallaka titi

vuilnisbak
mazubin shara

kruispunt
tsallakawa

verkeerslichten
fitilun bada-hannu

hut

bukka

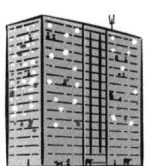

woning

shafaffe

station

tashar jirgin kasa

stadshuis

dakin taro

museum

gidan kayan tarihi

school

makaranta

| | | |
|---|---|---|
|  |  |  |
| universiteit | bank | ziekenhuis |
| jami'a | banki | asibiti |
|  | 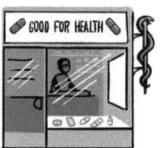 |  |
| hotel | apotheek | kantoor |
| otal | kantin magani | ofis |
|  |  |  |
| boekwinkel | winkel | bloemenwinkel |
| kantin littattafai | kanti | mai sayar da furanni |
|  |  |  |
| supermarkt | markt | warenhuis |
| babban kanti | kasuwa | kanti mai sassa |
|  |  |  |
| vishandelaar | winkelcentrum | haven |
| shagon sayar da kifi | wurin sayayya | matsayar jiragen ruwa |

park

ma'ajiyar motoci

bank

benci

brug

gada

trap

kafar bene

metro

karkashin kasa

tunnel

ramin karkashin kasa

bushalte

matsayar bas

bar

mashaya

restaurant

gidan abinci

brievenbus

akwatin sakonni

straatnaambord

alamar titi

parkeermeter

mitar ajiye motoci

zoo

gidan namun daji

zwembad

kwamin iyo

moskee

masallaci

**boerderij**
gona

**milieuverontreiniging**
gurbata

**kerkhof**
makabarta

**kerk**
coci

**speelplaats**
filin wasanni

**tempel**
dakin bauta

# landschap

# fadin kasa

blad
ganye

wegwijzer
turken alama

weg
hanya

weide
makiyaya

steen
dutse

boom
bishiya

wandelaar
mai tattaki

rivier
korama

gras
ciyawa

bloem
fure

vallei

kwazazzabo

heuvel

tudu

meer

tafki

bos

daji

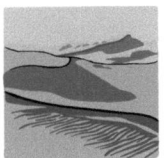

woestijn

hamada

vulkaan

amon dutse

kasteel

fada

regenboog

bakan-gizo

paddenstoel

malafar jaki

palmboom

bishiyar kwakwar manja

mug

sauro

vlieg

kuda

mier

tururuwa

bijl

zuma

spin

gizo

kever

burgunguma

kikker

kwado

eekhoorn

kurege

egel

bushiya

haas

zomo

uil

mujiya

vogel

tsuntsu

zwaan

agwagwar ruwa

wild zwijn

aladen daji

hert

namijin barewa

eland

kanki

dam

dam

windturbine

lantarki mai iska

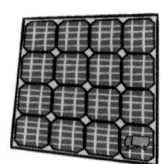

zonnepaneel

farantin hasken rana

klimaat

yanayi

ober
sabis

menu
jerin abinci

stoel
kujera

soep
miya

pizza
fiza

bestek
wuka da cokula

tafelkleed
kyallen rufe tuburi

voorgerecht
makunni

hoofdgerecht
babban abinci

nagerecht
kayan zaki

drankjes
kayan sha

eten
abinci

fles
kwalba

fastfood

abincin tafi-da-gidanka

street food

abincin titi

theepot

tukunyar shayi

suikerpot

kwanon sikari

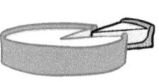

portie

gutsire

espressomachine

injin hada kofi

kinderstoel

kujera mai tudu

rekening

doka

dienblad

tire

mes

wuka

vork

cokali mai yatsu

lepel

cokali

theelepel

cokalin shayi

serviette

kyallen cin abinci

glas

gilashi

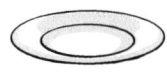

bord

faranti

soepbord

farantin miya

schoteltje

farantin kofi

saus

hadin dandano

zoutvatje

mazubin gishiri

pepermolen

abin nikan yaji

azijn

lamurje

olie

mai

kruiden

kayan dandano

ketchup

miyar tumatir

mosterd

mustad

mayonaise

mayonnaise

# supermarkt
## babban kanti

aanbieding
tayin musamman
FOR
klant
abokin ciniki
zuivelproducten
matatsar nono
fruit
kayan marmari
winkelwagen
abin daukar kaya

BUTCHERS

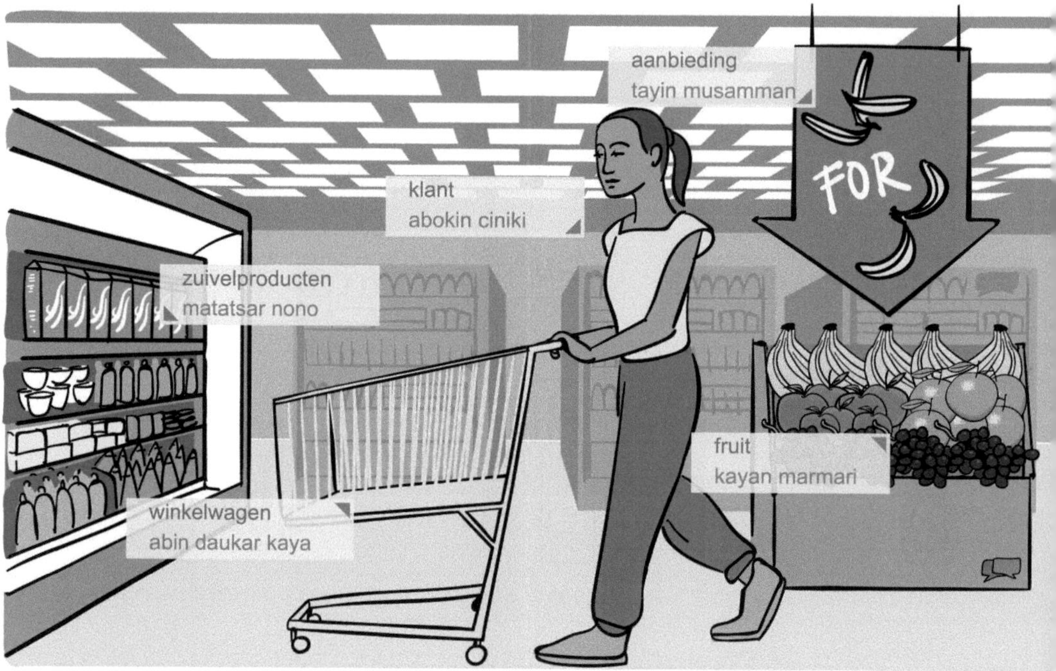

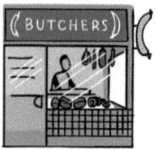

slagerij

na mahauci

BAKERY

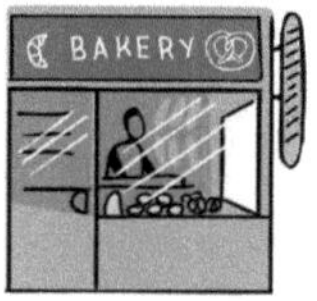

bakkerij

shagon mai burodi

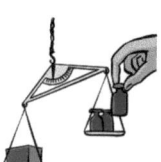

wegen

auna nauyi

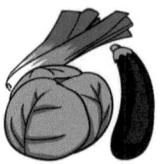

groenten

kayan lambu

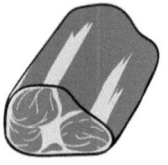

vlees

nama

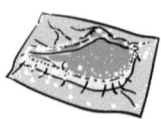

diepvriesvoedsel

darkararren abinci

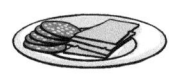

charcuterie

nama mai sanyi

conserven

abincin gwangwani

waspoeder

garin sabulun wanki

snoep

alewa

huishoudproducten

kayan amfanin gida

schoonmaakproducten

kayan tsafta

verkoopster

mai sayarwa

kassa

haro

kassier

mai biyan kudi

boodschappenlijstje

jerin kayan sayayya

openingstijden

sa'o'in budewa

portefeuille

alabe

kredietkaart

katin banki

tas

jaka

plastieken zakje

jakar roba

water

ruwa

sap

ruwan 'ya'yan itace

melk

madara

cola

coke

wijn

barasa

bier

giya

alcohol

barasa

cacao

koko

thee

shayi

koffie

kofi

espresso

bakin kofi

cappuccino

kofi mai madara

banaan

ayaba

appel

tufa

sinaasappel

lemon zaki

meloen

kankana

citroen

lemon tsami

wortel

karas

knoflook

tafarnuwa

bamboe

gora

ajuin

albasa

champignon

kunnen-jaki

noten

dangin gyada

noodles

dangin taliya

spaghetti

sufageti

rijst

shinkafa

salade

man salak

frieten

sala-sala

gebakken aardappelen

soyayyen dankali

pizza

fiza

hamburger

hambaga

sandwich

sanwich

kalfslapje

kwan nama

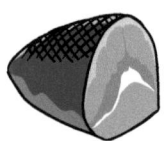

ham

naman alade

salami

salami

worst

kilishin turawa

kip

kaza

braden

gashi

vis

kifi

havervlokken

kamun oats

muesli

muesli

cornflakes

kwamfiles

bloem

fulawa

croissant

fanke

pistolet

yankan burodi

brood

burodi

toast

gashi

koekjes

biskit

boter

bota

kwark

man shanu

taart

kek

ei

kwai

spiegelei

soyayyen kwai

kaas

cuku

ijs

askirim

suiker

sikari

honing

zuma

confituur

jam

choco

cakuletin shafawa

curry

kori

# boerderij
## gona

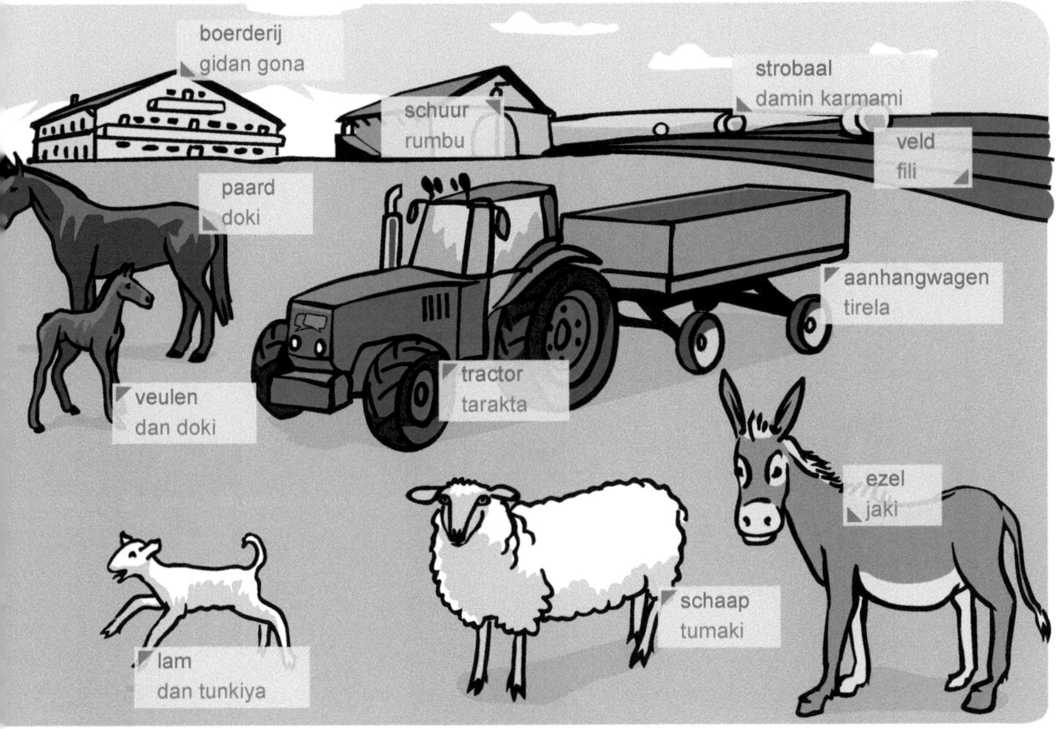
boerderij
gidan gona
schuur
rumbu
strobaal
damin karmami
veld
fili
paard
doki
aanhangwagen
tirela
tractor
tarakta
veulen
dan doki
ezel
jaki
schaap
tumaki
lam
dan tunkiya

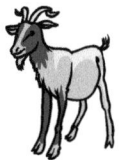

geit

akuya

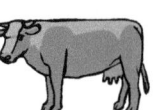

koe

saniya

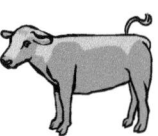

kalf

maraki

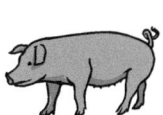

varken

alade

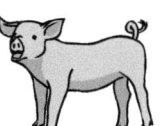

biggetje

dan alade

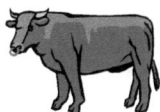

stier

bajimi

gans

dinya

eend

agwagwa

kuiken

dan tsako

kip

kaza

haan

zakara

rat

bera

kat

kyanwa

muis

bera

os

takarkari

hond

kare

hondenhok

dakin kare

tuinslang

bututun lambu

gieter

bokitin ban-ruwa

zeis

ashasha

ploeg

garma

sikkel
lauje

schoffel
fartanya

hooivork
cebur mai yatsu

bijl
gatari

kruiwagen
wilbaro

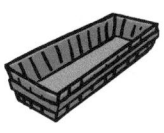

trog
mazubin abincin dabbobi

melkkan
gwangwanin madara

zak
buhu

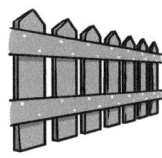

hek
shinge

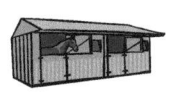

stal
barga

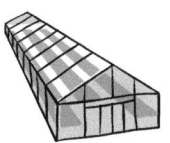

broeikas
koren-gida

bodem
rairai

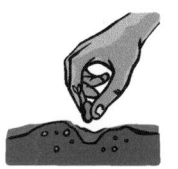

zaad
iri

mest
taki

maaidorser
injin girbi da sussuka

oogsten
girbe

oogst
girbi

yam
doya

tarwe
alkama

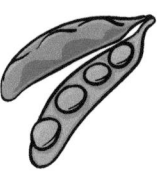

soja
waken soya

aardappel
dankali

maïs
dawa

koolzaad
furen mai

fruitboom
bishiyar kayan marmari

maniok
rogo

graan
hatsi

# huis
# gida

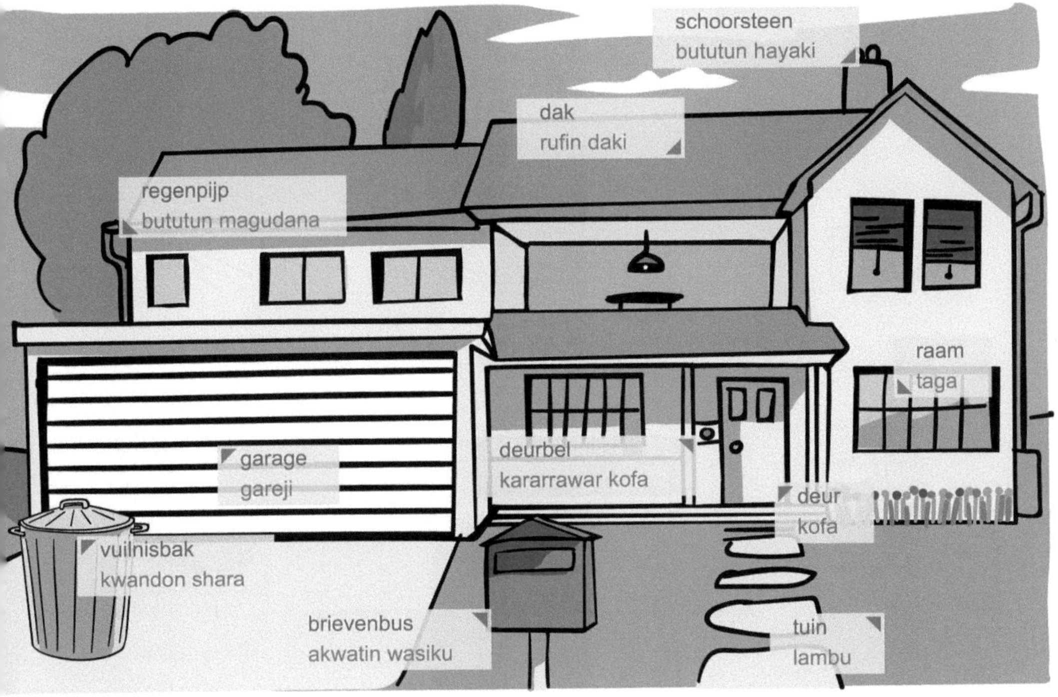
schoorsteen
bututun hayaki
dak
rufin daki
regenpijp
bututun magudana
raam
taga
garage
gareji
deurbel
kararrawar kofa
deur
kofa
vuilnisbak
kwandon shara
brievenbus
akwatin wasiku
tuin
lambu

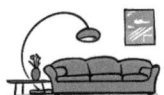

woonkamer

falo

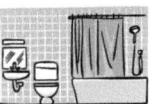

badkamer

dakin wanka

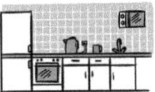

keuken

kicin

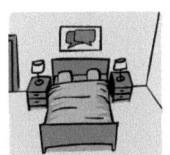

slaapkamer

dakin kwana

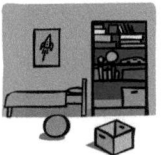

kinderkamer

dakin yaro

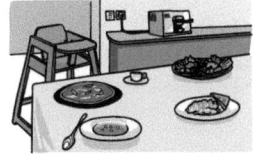

eetkamer

dakin cin abinci

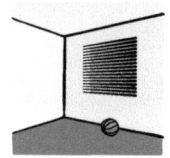

vloer

dabe

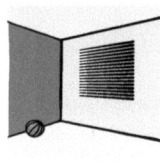

muur

bango

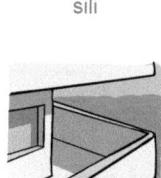

plafond

sili

kelder

dakin karkashin kasa

sauna

wurin wankan dumi

balkon

barandar bene

terras

baranda

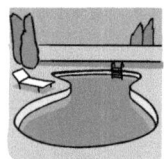

zwembad

gulbin ninkaya

grasmaaier

injin yanke ciyawa

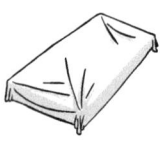

dekbedovertrek

kwano

dekbed

zanen gado

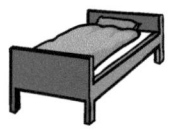

bed

gado

bezem

tsintsiya

emmer

bokiti

schakelaar

makunni

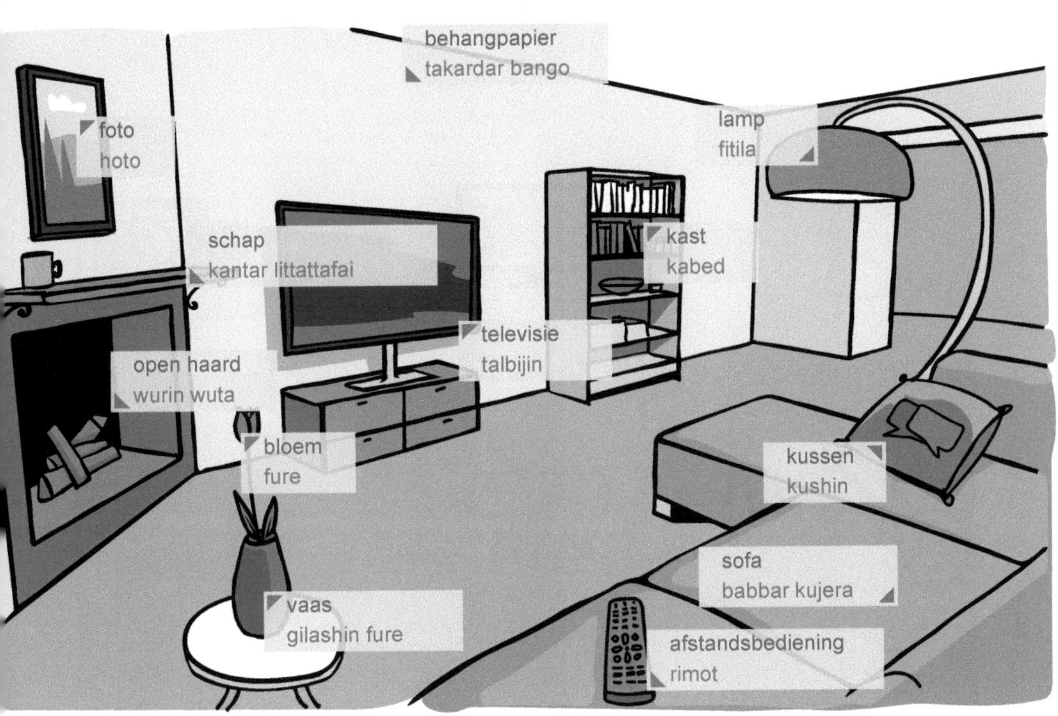

behangpapier
takardar bango

foto
hoto

lamp
fitila

schap
kantar littattafai

kast
kabed

televisie
talbijin

open haard
wurin wuta

bloem
fure

kussen
kushin

sofa
babbar kujera

vaas
gilashin fure

afstandsbediening
rimot

mat
darduma

gordijn
labule

tafel
teburi

stoel
kujera

schommelstoel
kujera mai shillo

fauteuil
kujera mai hannu

boek

littafi

deken

bargo

decoratie

kwalliya

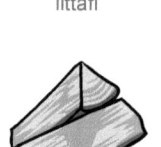

brandhout

itacen girki

film

fim

stereo-installatie

kayan hi-fi

sleutel

makulli

krant

jarida

schilderij

zanen fenti

poster

fasta

radio

rediyo

notitieboekje

takardar rubutu

stofzuiger

na'urar share darduma

cactus

murtsunguwa

kaars

kyandir

# keuken
# kicin

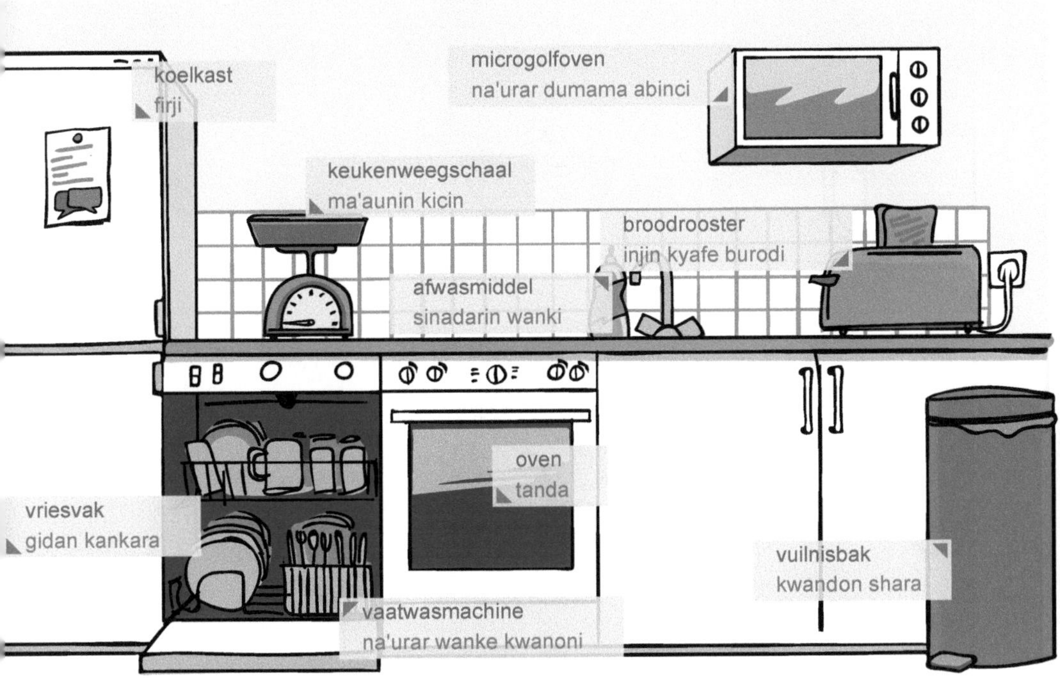
koelkast
firji
microgolfoven
na'urar dumama abinci
keukenweegschaal
ma'aunin kicin
broodrooster
injin kyafe burodi
afwasmiddel
sinadarin wanki
oven
tanda
vriesvak
gidan kankara
vuilnisbak
kwandon shara
vaatwasmachine
na'urar wanke kwanoni

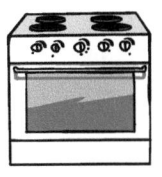

fornuis

cooker

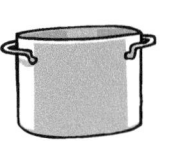

pot

tukunya

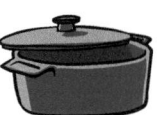

gietijzeren pot

tukunyar alminiyum

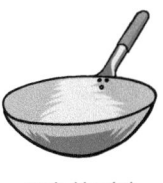

wok / kadai

kwanon suya

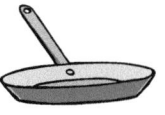

pan

kwanan suya

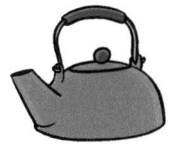

waterkoker

buta

**stoomkoker**

tukunyar dumi

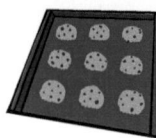

**bakplaat**

kwanan gashi

**servies**

kayan tangaran

**mok**

tambulan

**kom**

kwano

**eetstokjes**

tsinkayen cin abinci

**pollepel**

ludayi

**spatel**

ludayin suya

**garde**

makadin kwai

**vergiet**

rariya

**zeef**

mataci

**rasp**

na'urar nika

**mortier**

turmi

**barbecue**

balangu

**haardvuur**

wutar sarari

snijplank

katakon yanke-yanke

deegrol

katakon murji

kurkentrekker

mabudin kwalba

blik

gwangwani

blikopener

mabudin gwangwani

pannenlap

hannun tukunya

gootsteen

wurin wanke-wanke

borstel

burushi

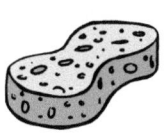

spons

soso

blender

bilenda

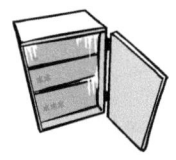

vriezer

babban gidan kankara

papfles

bulumboti

kraan

famfo

keuken - kicin

# badkamer
# dakin wanka

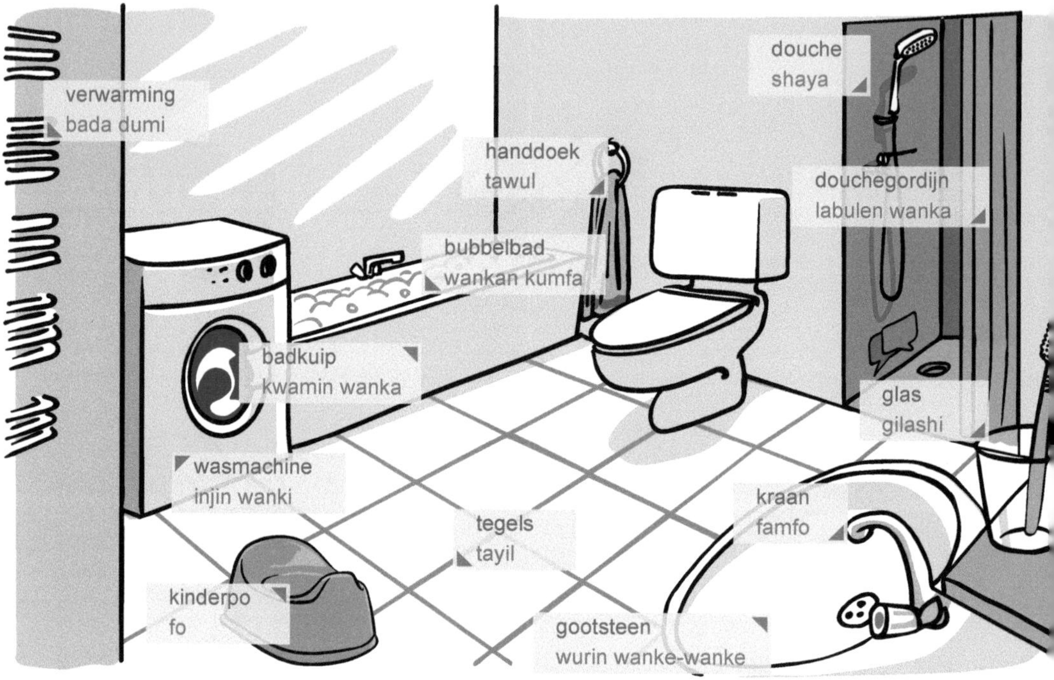

verwarming
bada dumi
handdoek
tawul
douche
shaya
douchegordijn
labulen wanka
bubbelbad
wankan kumfa
badkuip
kwamin wanka
glas
gilashi
wasmachine
injin wanki
kraan
famfo
tegels
tayil
kinderpo
fo
gootsteen
wurin wanke-wanke


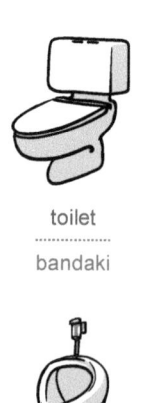

toilet

bandaki

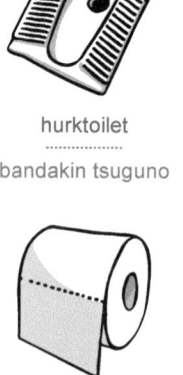

hurktoilet

bandakin tsuguno

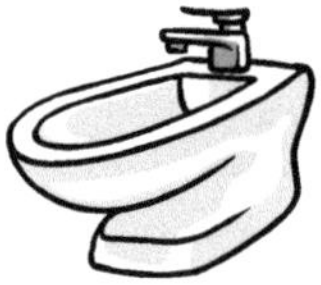

bidet

kwamin tsarki

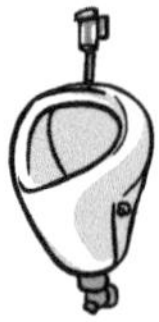

urinoir

wurin fitsari

toiletpapier

takardar bandaki

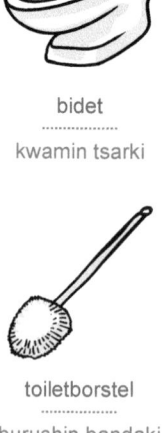

toiletborstel

burushin bandaki

tandenborstel

burushin hakori

tandpasta

man hakori

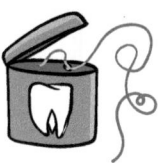

flosdraad

zaren sakace

wassen

wanke

handdouche

shayar hannu

bidethanddouche

wankin farji

waskom

kwamin wanke hannu

rugborstel

burushin wanke baya

zeep

sabulu

douchegel

ruwan sabulun wanka

shampoo

man gyaran gashi

washandje

tsumman wanka

afvoer

lambatu

crème

kirim

deodorant

turaren kamshi

spiegel

madubi

handspiegel

madubin hannu

scheermes

reza

scheerschuim

man yaran fuska

aftershave

man aski

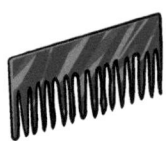

kam

mataji

borstel

burushi

haardroger

na'urar busar da gashi

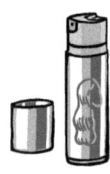

haarlak

man gashi

make-up

kwalliya

lippenstift

jan-baki

nagellak

man farce

watten

audugar goge kunne

nagelknipper

almakashin yankan farce

parfum

turare

**toilettas**
jakar wanka

**kruk**
bahaya

**weegschaal**
ma'aunin nauyi

**badjas**
rigar wanka

**latex handschoenen**
safar roba

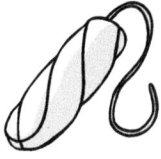

**tampon**
audugar haila

**maandverband**
audugar mata

**chemisch toilet**
bandakin tafi-da-gidanka

# kinderkamer
# dakin yaro

wekker
agogo mai kararrawa
knuffel
yartsanar tsumma
speelgoedauto
motar wasan yara
rammelaar
kara
poppenhuis
gidan 'yartsana
geschenk
kyauta

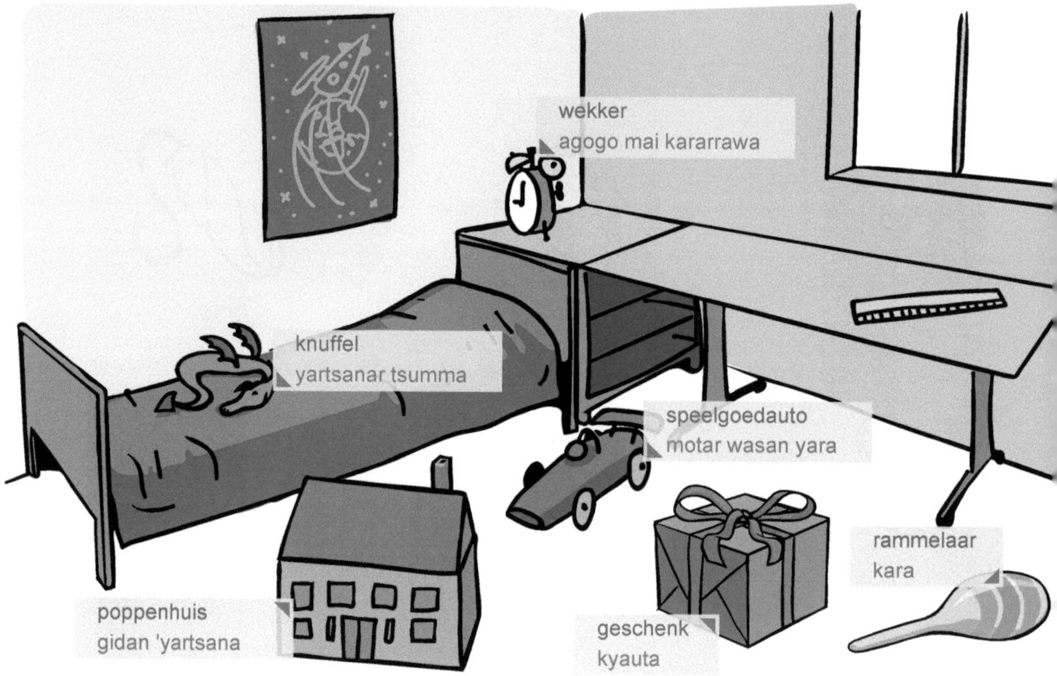

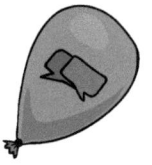

ballon
balo

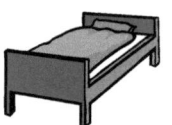

bed
gado

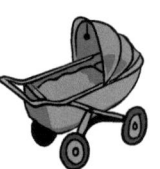

kinderwagen
keken jarirai

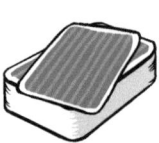

spel kaarten
benen kwalaye

puzzel
wasa kwakwalwa

SUPER MEGA

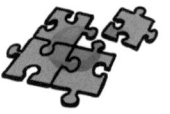

stripboek
ban dariya

legoblokjes

tubalan roba

blokken

tubalan gini

actiefiguur

mutum-mai-aiki

kruippakje

rigar jariri

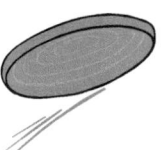

frisbee

Dokin iska

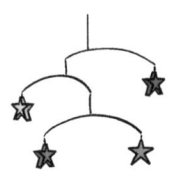

mobiel

tafi-da-gidanka

bordspel

wasan dara

dobbelsteen

dan ludo

modelspoorweg

zubin kwatancin jirgin kasa

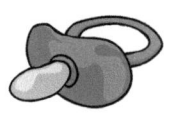

fopspeen

mutum-mutumi

feest

walima

prentenboek

littafi mai hotuna

bal

kwallo

pop

yartsana

spelen

yi wasa

zandbak
........
akwatin yashi

schommel
........
lilo

speelgoed
........
kayan wasan yara

spelconsole
........
allon wasannin bidiyo

driewieler
........
babur mai taya uku

knuffelbeer
........
yartsanar tsumma

kleerkast
........
wadirob

## kleding

## tufafi

sokken
........
safa

kousen
........
sitokins

maillot
........
matse-jiki

sjaal
adiko

paraplu
lema

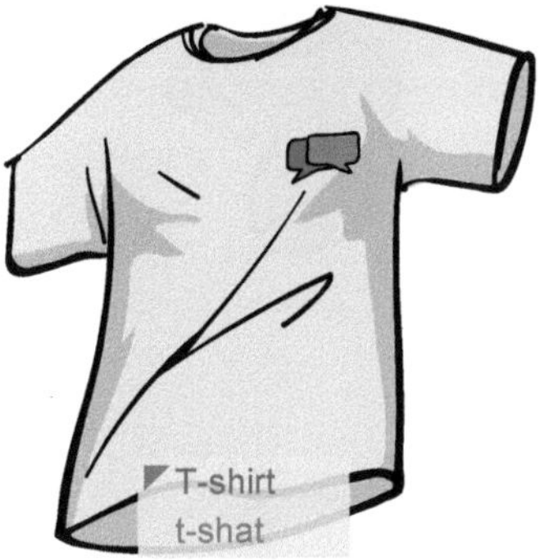

T-shirt
t-shat

riem
belet

laarzen
takalman aiki

slippers
takalman silifas

sneakers
takalman wasa

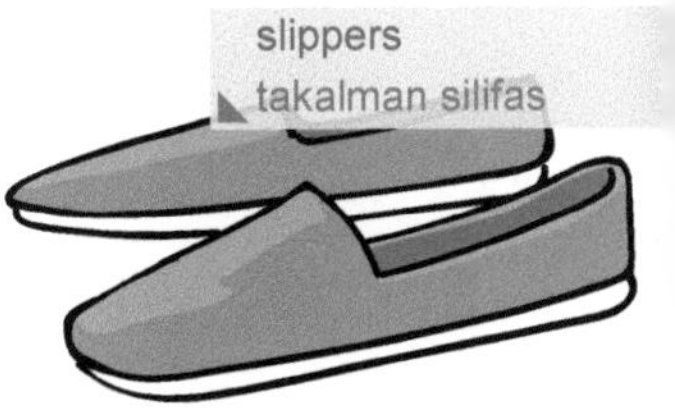

**sandalen**
takalman sandal

**schoenen**
takalma

**rubberlaarzen**
takalman roba

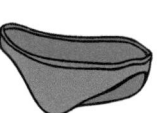

**onderbroek**
kamfai

**beha**
rigar nono

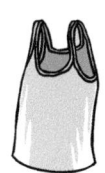

**onderhemd**
falmaran

lichaam
jiki

broek
wando

jeans
jeans

rok
dantofi

blouse
rigar mata

hemd
karamar riga

trui
riga mai hula

capuchontrui
hular riga

blazer
bileza

jas
jaket

jas
kwat

regenjas
rigar ruwa

kostuum
kayan yayi

jurk
kayan sawa

trouwjurk
rigar aure

pak

kwat da wando

nachthemd

rigar dare

pyjama

kayan barci

sari

sari

hoofddoek

dankwali

tulband

rawani

boerka

hijabi

kaftan

kaftani

abaya

abaya

badpak

rigar iyo

zwembroek

wandon wasa

short

gajeran wando

trainingspak

kayan wasanni

schort

kyallen aiki

handschoenen

safar hannu

knoop

maballi

bril

tabarau

armband

awarwaro

ketting

tsakiya

ring

zobe

oorbel

dan kunne

pet

hula

kapstok

maratayin kwat

hoed

malafa

das

lakataya

rits

zi

helm

hular kwano

bretellen

masu daidaita hakori

schooluniform

kayan makaranta

uniform

yunifom

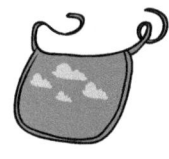

slabbetje

kyallen cin abincin jariri

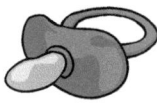

fopspeen

mutum-mutumi

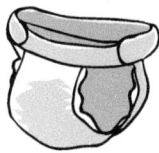

luier

kunzugu

# kantoor
## ofis

server
saba
dossierkast
kabed din fayiloli
printer
na'urar dab'i
papier
takarda
monitor
fuskar kwamfuta
muis
mouse
bureau
babban teburi
map
makunshi
toestenbord
allon madannai
papiermand
kwandon shara
computer
kwamfuta
stoel
kujera


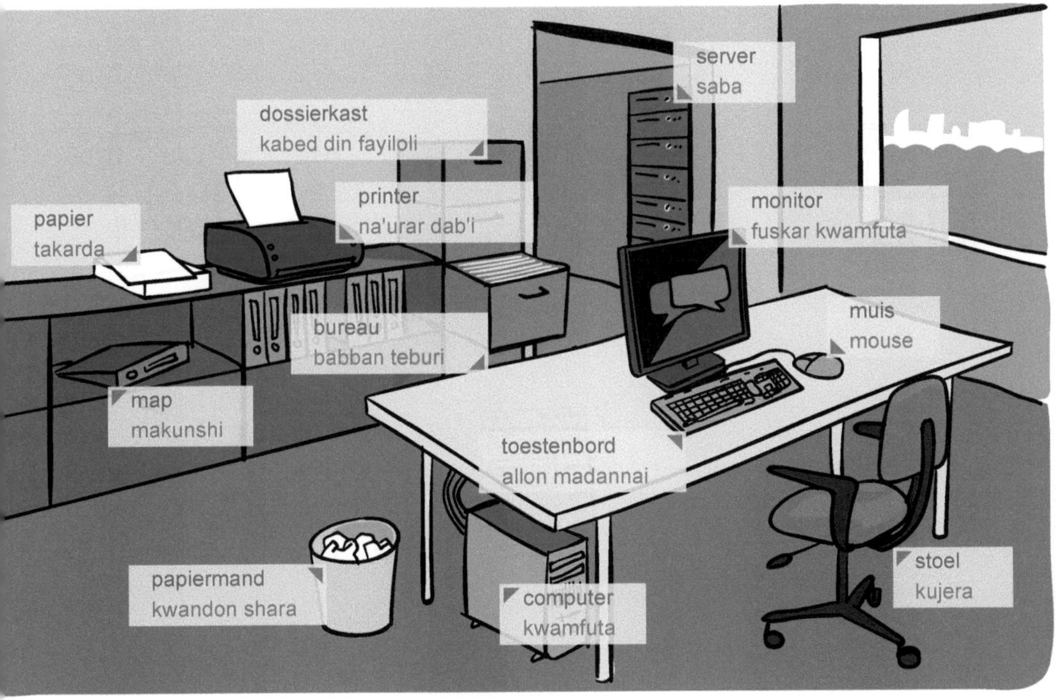

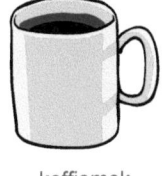

koffiemok

tambulan kofi

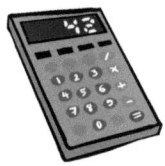

rekenmachine

kwakuleta

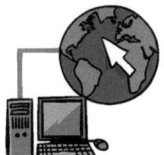

internet

intanet

laptop
laptop

brief
wasika

bericht
sako

gsm
tafi-da-gidanka

netwerk
sadarwa

kopieerapparaat
na'urar hoton takarda

software
kwakwalwar kwamfuta

telefoon
tarho

stopcontact
jona soket

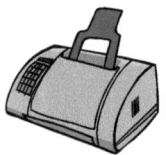

fax
na'urar faks

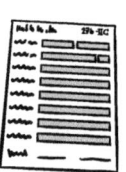

formulier
fom

document
daftari

kopen

sayi

betalen

biya

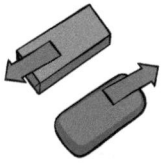

handelen

yi ciniki

geld

kudi

 **USD**

dollar

dala

 **EUR**

euro

euro

 **JPY**

yen

yen

 **RUB**

roebel

robul

 **CHF**

Zwitserse frank

franc na Swiss

 **CNY**

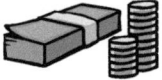

Chinese renminbi

renminbi yuan

 **INR**

roepie

rupee

geldautomaat

injin bada kudi

wisselkantoor

gidan canjin kudi

goud

zinare

zilver

azurfa

olie

mai

energie

makamashi

prijs

farashi

contract

matuntuba

belasting

haraji

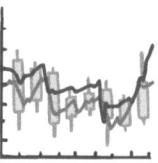

aandeel

kaya

werken

yi aiki

werknemer

ma'aikaci

werkgever

mai daukar ma'aikata

fabriek

masana'anta

winkel

kanti

# beroepen
# sana'o'i

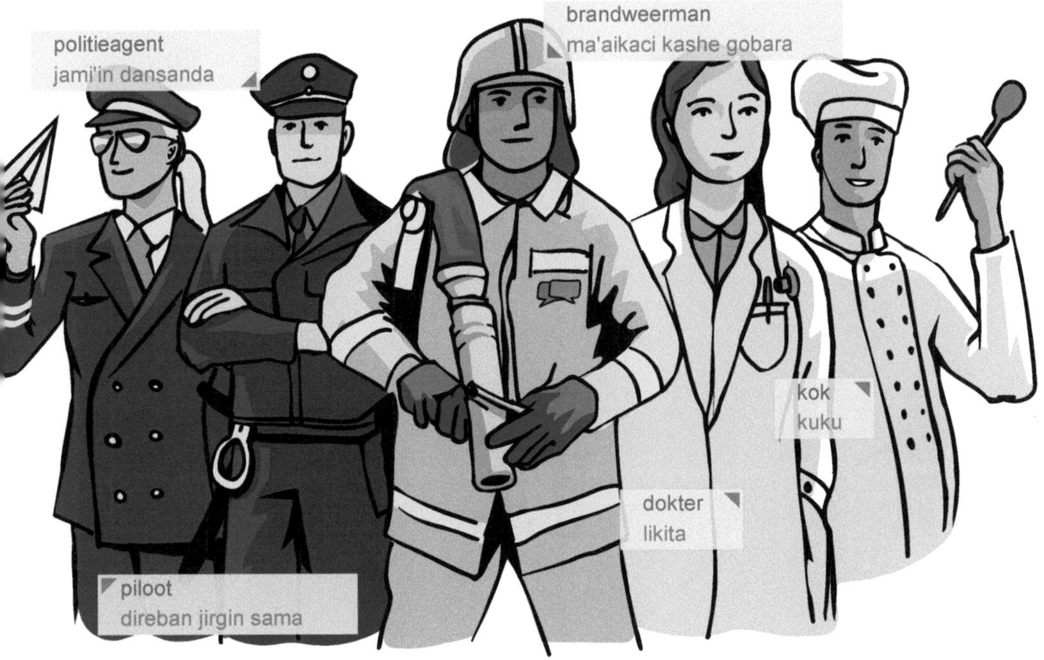
brandweerman
ma'aikaci kashe gobara
politieagent
jami'in dansanda
kok
kuku
dokter
likita
piloot
direban jirgin sama

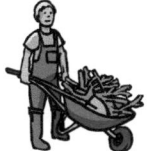

tuinman

mai aikin lambu

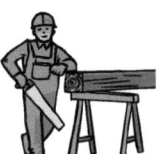

timmerman

kafinta

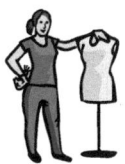

naaister

mace mai dinki

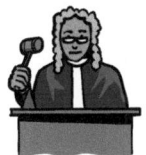

rechter

alkali

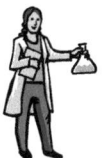

chemicus

mai hada magunguna

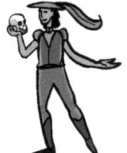

acteur

jarumi

buschauffeur

direban bas

taxichauffeur

direban tasi

visser

masunci

schoonmaakster

mace mai shara

dakdekker

mai aikin rufi

ober

sabis

jager

mafarauci

schilder

mai fenti

bakker

mai yin burodi

elektricien

mai gyaran lantarki

bouwvakker

magini

ingenieur

injiniya

slager

mahauci

loodgieter

mai gyaran famfo

postbode

mai raba wasiku

soldaat

soja

architect

mai zayyanar gidaje

kassier

mai biyan kudi

bloemist

mai sayar da furanni

kapper

mai gyaran gashi

conducteur

mai kida

mecanicien

bakanike

kapitein

kyaftin

tandarts

likitan hakori

wetenschapper

masanin kimiyya

rabbijn

limamin yahudu

imam

liman

monnik

mai ibadar kirista

geestelijke

malamin addini

# werktuigen
# kayan aiki

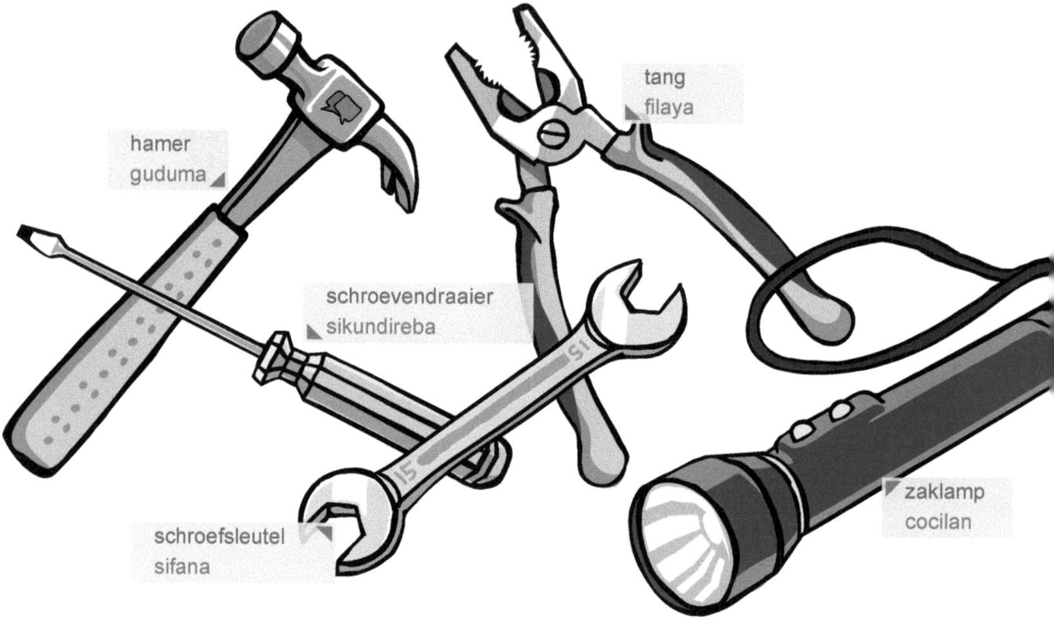
tang
filaya
hamer
guduma
schroevendraaier
sikundireba
zaklamp
cocilan
schroefsleutel
sifana

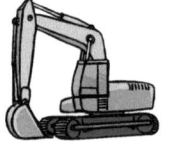

graafmachine

diga

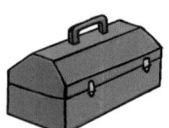

gereedschapskoffer

akwatin kayan aiki

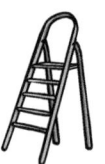

ladder

tsani

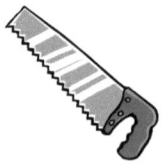

zaag

zarto

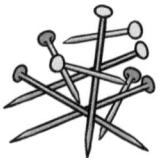

spijkers

kusoshi

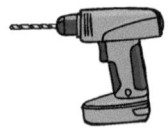

boormachine

abin hudawa

repareren
.................
gyara

schop
.................
chebur

Verdomme!
.................
Tafdi!

blik
.................
makwashin shara

verfpot
.................
tukunyar fenti

schroeven
.................
kusoshi masu barima

## muziekinstrumenten
## kayan kida

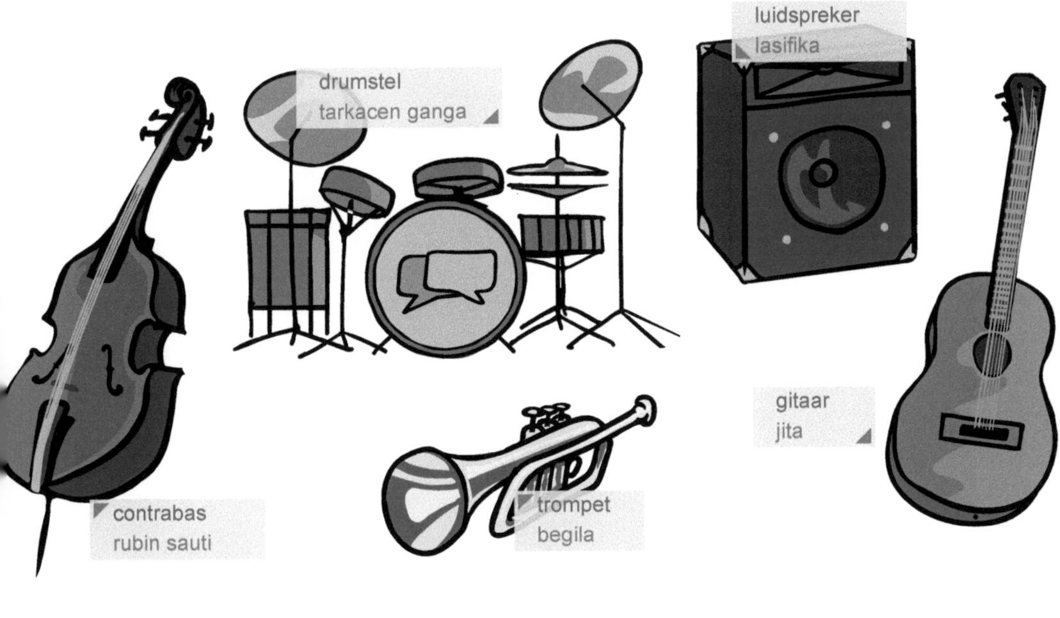

luidspreker
lasifika

drumstel
tarkacen ganga

gitaar
jita

contrabas
rubin sauti

trompet
begila

piano

fiyano

viool

goge

basgitaar

karamin sauti

pauk

gangunan timpani

trommels

ganguna

keyboard

masarrafin fiyano

saxofoon

saxophone

fluit

sarewa

microfoon

makirfo

# ZOO
# gidan namun daji

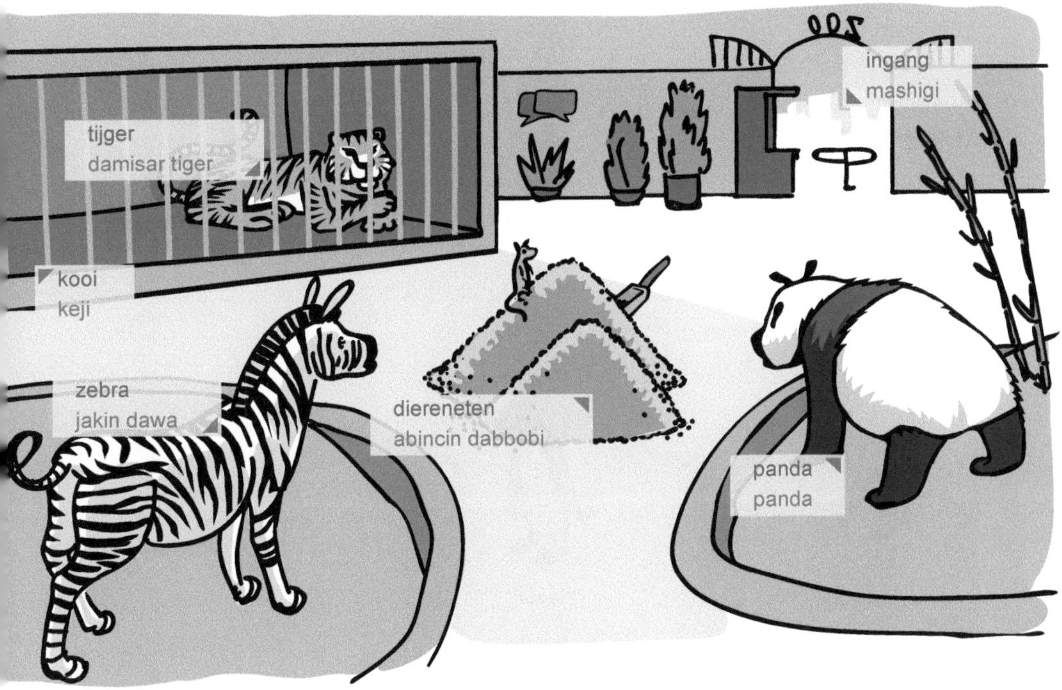

zoo
ingang
mashigi
tijger
damisar tiger
kooi
keji
zebra
jakin dawa
diereneten
abincin dabbobi
panda
panda


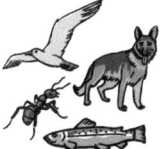

dieren
dabbobi

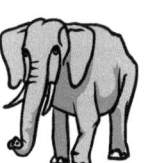

olifant
giwa

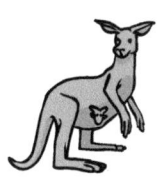

kangoeroe
babba-da-jaka

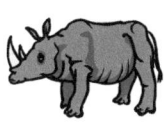

neushoorn
karkanda

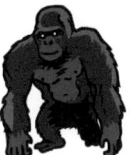

gorilla
goggon biri

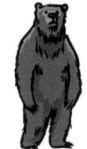

beer
dabbar bear

kameel

rakumi

struisvogel

jimina

leeuw

zaki

aap

biri

flamingo

dinya

papegaai

aku

ijsbeer

bear ta yankin kankara

pinguïn

penguin

haai

kifin shark

pauw

dawisu

slang

maciji

krokodil

kada

dierenverzorger

mai tsaro zu

zeehond

seal

jaguar

damisar jaguar

zoo  -  gidan namun daji

pony
dukushi

luipaard
damisar leopard

nijlpaard
mugun dawa

giraffe
rakumin dawa

adelaar
mikiya

wild zwijn
aladen daji

vis
kifi

zeeschildpad
kunkuru

walrus
walrus

vos
dila

gazelle
barewa

rugby
kwallon kafar Amurka

wielrennen
tseren keke

tennis
wasan tennis

basketbal
kwallon kwando

zwemmen
ninkaya

boksen
dambe

ijshockey
kwallon gora na cikin ka

voetbal
kwallon kafa

badminton
badiminton

atletiek
wasannin motsa jiki

handbal
kwallon hannu

skiën
wasan kan kankara

polo
kwallon dawaki

# activiteiten
# harkoki

springen
yi tsalle
knuffelen
rungumi
lachen
yi dariya
wandelen
yi tattaki
zingen
rera waka
dromen
mafarki
bidden
yi addu'a
kussen
sumbaci


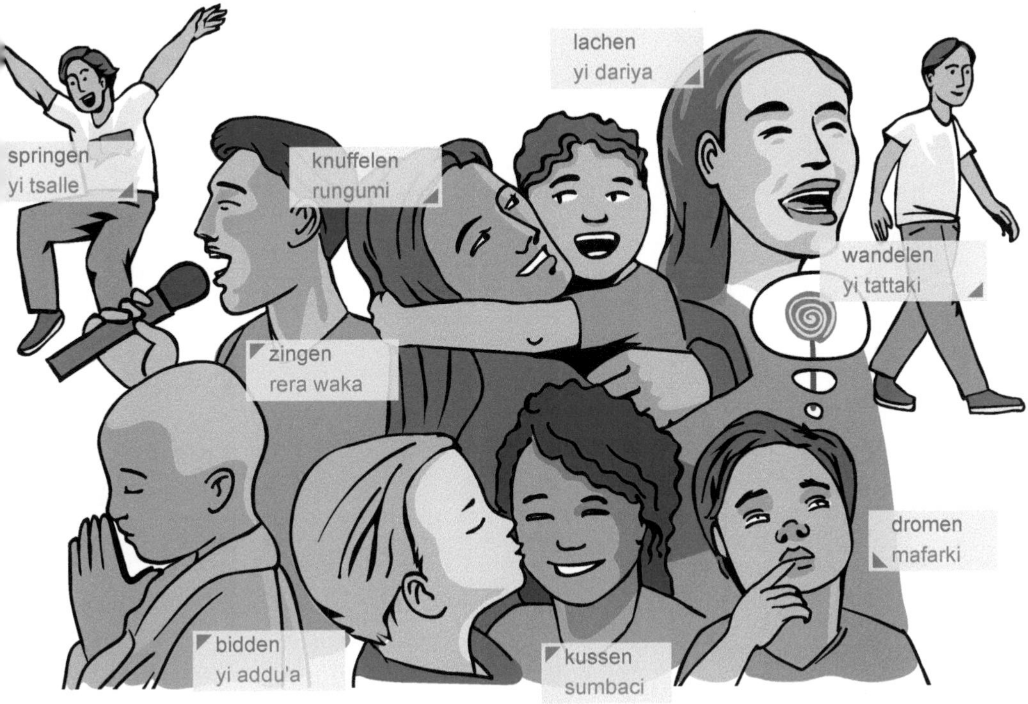

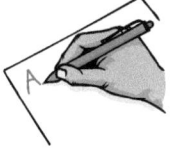

schrijven
rubuta

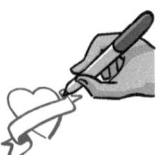

tekenen
zana

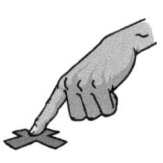

tonen
nuna

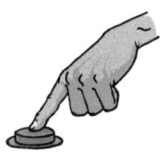

duwen
tura

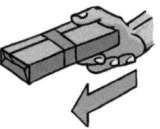

geven
bayar

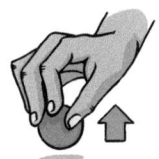

nemen
dauki

hebben

sami

doen

yi

zijn

kasance

staan

tsaya

lopen

gudu

trekken

jawo

gooien

jefa

vallen

faduwa

liggen

yi karya

wachten

jira

dragen

dauki

zitten

zauna

aankleden

sanya tufafi

slapen

yi barci

ontwaken

farka

kijken naar

kalli

wenen

kuka

aaien

bugi

kammen

taje

praten

yi magana

begrijpen

fahimci

vragen

tambayi

luisteren

saurari

drinken

sha

eten

ci

opruimen

tattare

houden van

yi soyayya

koken

dafa

rijden

yi tuki

vliegen

tashi

zeilen

tafi a kwalekwale

rekenen

kwakuleta

Lezen

karanta

leren

koyi

werken

yi aiki

trouwen

yi aure

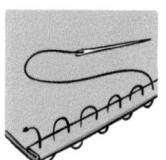

naaien

dinka

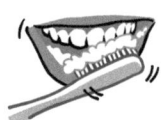

tandenpoetsen

goge hakora

doden

kashe

roken

busa taba

sturen

aika

grootmoeder
kaka mace

grootvader
kaka namiji

vader
uba

moeder
uwa

baby
jariri

dochter
ya

zoon
da

gast

bako

tante

gwaggo

oom

kawu

broer

dan'uwa

zus

yar'uwa

# lichaam

## jiki

voorhoofd
goshi
oog
ido
schouder
kafada
vinger
yatsa
gezicht
fuska
kin
ha'ba
hand
hannu
borst
nono
been
kafa
arm
damtse


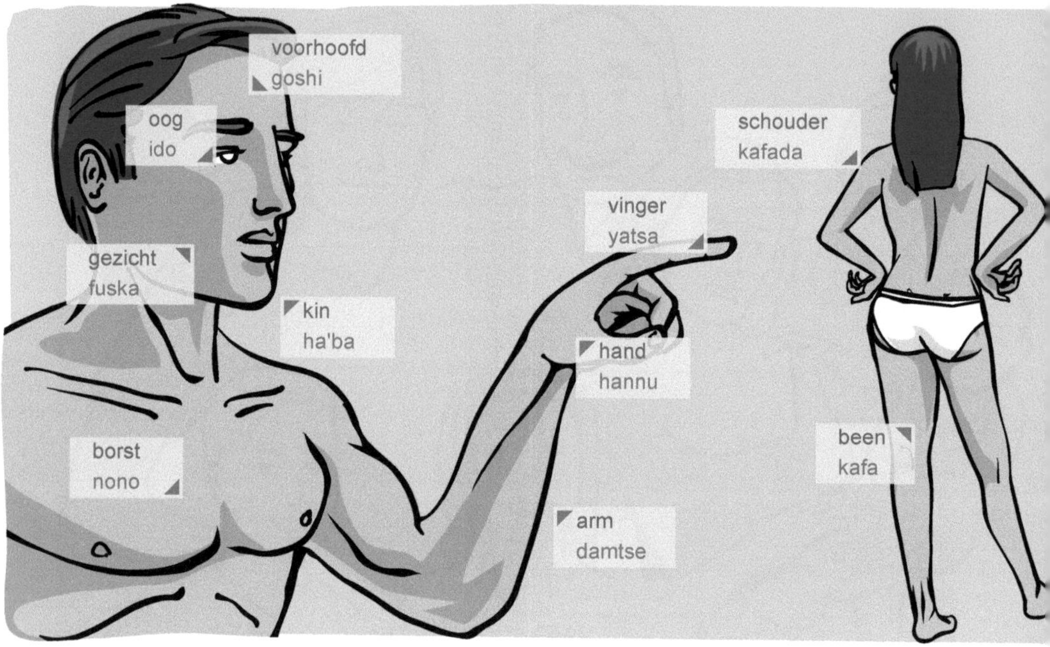

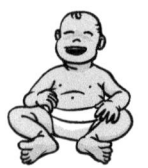

baby
jariri

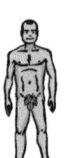

man
mutum

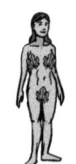

vrouw
mace

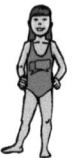

meisje
yarinya

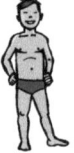

jongen
yaro

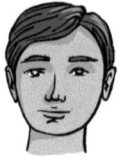

hoofd
kai

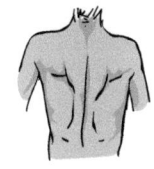

rug
baya

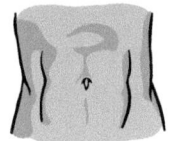

buik
tulun ciki

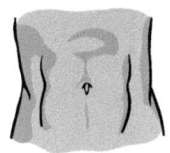

navel
maballin ciki

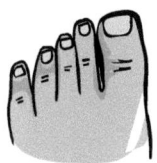

teen
yatsan kafa

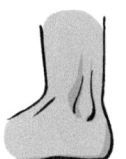

hiel
dudduge

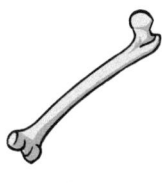

bot
kashi

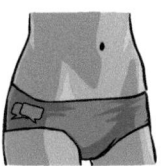

heup
kugu

knie
guiwa

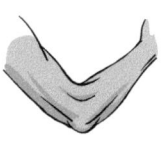

elleboog
guiwar hannu

neus
hanci

zitvlak
kasa

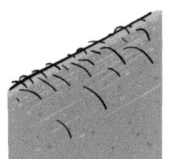

huid
fata

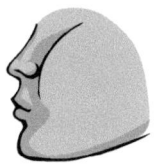

wang
kumatu

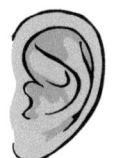

oor
kunne

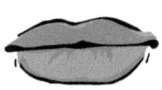

lip
lebe

mond
wata

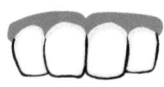

tand
hakori

tong
harshe

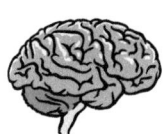

hersenen
kwakwalwa

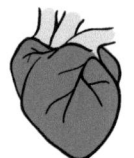

hart
zuciya

spier
kwanji

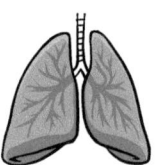

long
huhu

lever
hanta

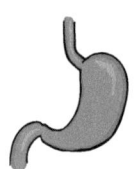

maag
ciki

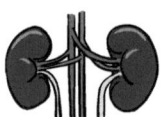

nieren
koda

seks
jima'i

condoom
kwaroron roba

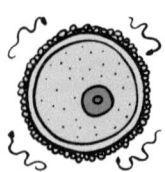

eicel
kwan mahaifa

sperma
maniyyi

zwangerschap
juna-biyu

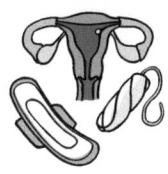

menstruatie
...............
haila

vagina
...............
farji

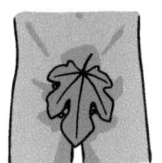

penis
...............
zakari

wenkbrauw
...............
gira

haar
...............
gashi

nek
...............
wuya

# ziekenhuis
# asibiti

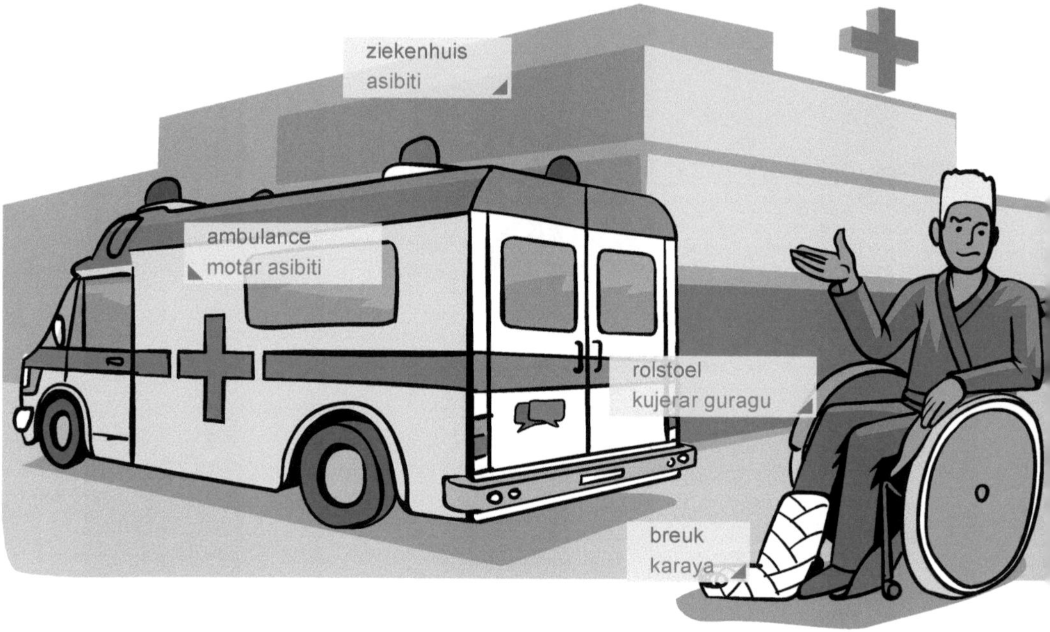

ziekenhuis
asibiti
ambulance
motar asibiti
rolstoel
kujerar guragu
breuk
karaya


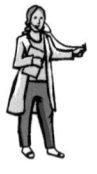

dokter

likita

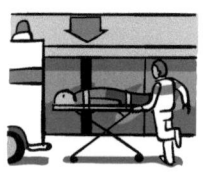

spoed

dakin kulawar gaggawa

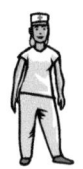

verpleegkundige

ma'aikaciyar jinya

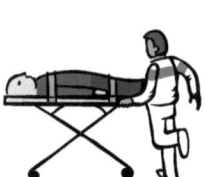

noodgeval

na gaggawa

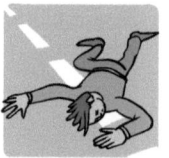

bewusteloos

magashiyyan

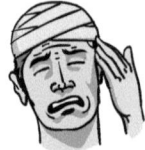

pijn

radadi

verwonding

rauni

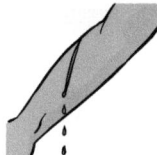

bloeding

zubar jini

hartaanval

bugun zuciya

beroerte

bugun jini

allergie

kyan-jiki

hoest

tari

koorts

zazzabi

griep

mura

diarree

gudawa

hoofdpijn

ciwon kai

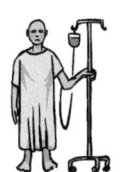

kanker

cutar sankara

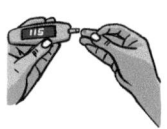

diabetes

ciwon suga

chirurg

likitan tiyata

scalpel

wukar likita

operatie

tiyata

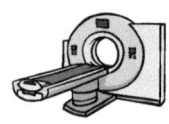

CT
CT

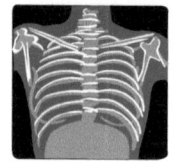

röntgenstraal
hoton kirji

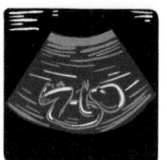

ultrageluid
hoton ciki

gezichtsmasker
marufin fuska

ziekte
cuta

wachtkamer
dakin jira

kruk
madogari

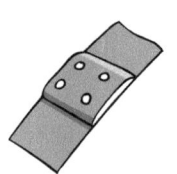

pleister
filasta

verband
bandeji

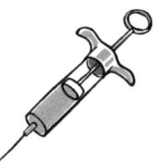

injectie
allura

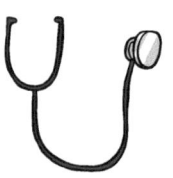

stethoscoop
na'urar awon zuciya

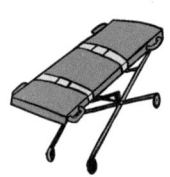

brancard
gadon daukar marar lafiya

thermometer
na'urar auna zafin jiki

geboorte
haihuwa

overgewicht
yawan nauyi

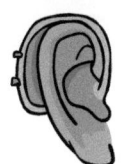

hoorapparaat

abin kara ji

ontsmettingsmiddel

sinadarin kashe kwayoyin cuta

infectie

kamuwar cuta

virus

kwayar cuta

HIV / AIDS

Cutar Kanjamau

medicijn

magani

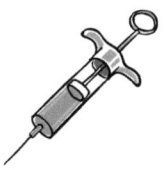

vaccinatie

riga-kafi

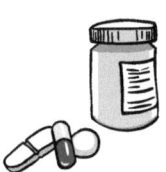

tabletten

kwayoyin magani

pil

magani

noodoproep

kiran gaggawa

bloeddrukmeter

ma'aunin hawan jini

ziek / gezond

cuta / lafiya

Help!

Taimako!

alarm

kararrawa

overval

farmaki

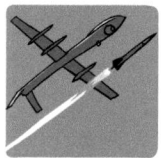

aanval

hari

gevaar

hatsari

nooduitgang

kofar ko-takwana

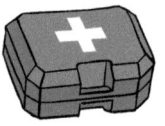

Brand!

Wuta!

brandblusser

abin kashe wuta

ongeval

hadari

EHBO-kit

kayan taimakon gaggawa

SOS

Neman taimako

politie

dansanda

Europa

Turai

Noord-Amerika

Amurka ta Arewa

Zuid-Amerika

Amurka ta Kudu

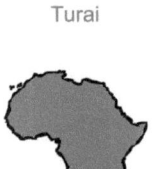

Afrika

Afirka

Azië

Asiya

Australië

Australia

Atlantische Oceaan

Atlantika

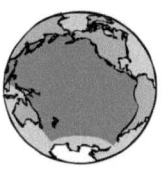

Stille Oceaan

Pacific

Indische Oceaan

Tekun Indiya

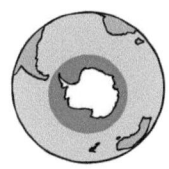

Antarctische Oceaan

Tekun Antatika

Arctische Oceaan

Tekun Arctic

Noordpool

Barin duniya na Arewa

Zuidpool

Barin duniya na Kudu

Antarctica

Antatika

aarde

Kasa

land

tsandauri

zee

kogi

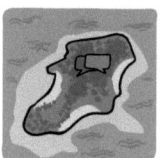

eiland

tsibiri

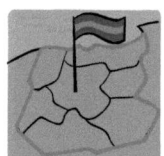

natie

kasa

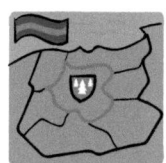

staat

jiha

wijzerplaat

fuskar agogo

uurwijzer

hannun awa

minuutwijzer

hannun mintuna

secondewijzer

hannun dakika

Hoe laat is het?

Karfe nawa yanzu?

dag

rana

tijd

lokaci

nu

yanzu

digitale horloge

agogon dijita

minuut

minti

uur

awa

# week
## mako

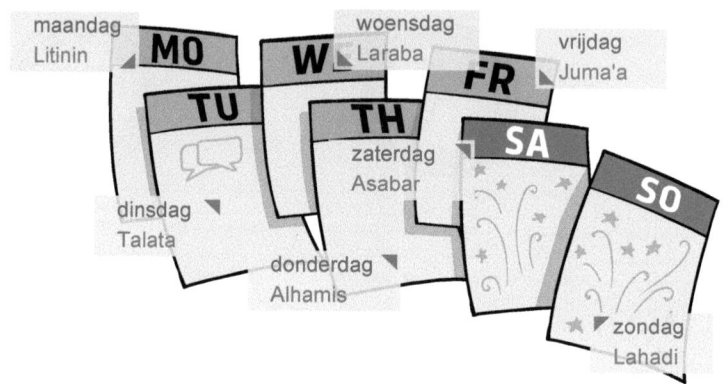

maandag
Litinin — MO

woensdag
Laraba — W

vrijdag
Juma'a — FR

TU

TH

SA

SO

dinsdag
Talata

zaterdag
Asabar

donderdag
Alhamis

zondag
Lahadi

gisteren

jiya

vandaag

yau

morgen

gobe

ochtend

safiya

middag

tsakar rana

avond

yamma

werkdagen

ranakun kasuwanci

weekend

karshen mako

# jaar

# shekara

regen
ruwan sama
regenboog
bakan-gizo
wind
iska
sneeuw
dusar kankara
lente
damina
herfst
Kaka
zomer
bazara
winter
lokacin sanyi


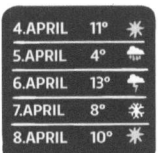

4.APRIL 11°
5.APRIL 4°
6.APRIL 13°
7.APRIL 8°
8.APRIL 10°


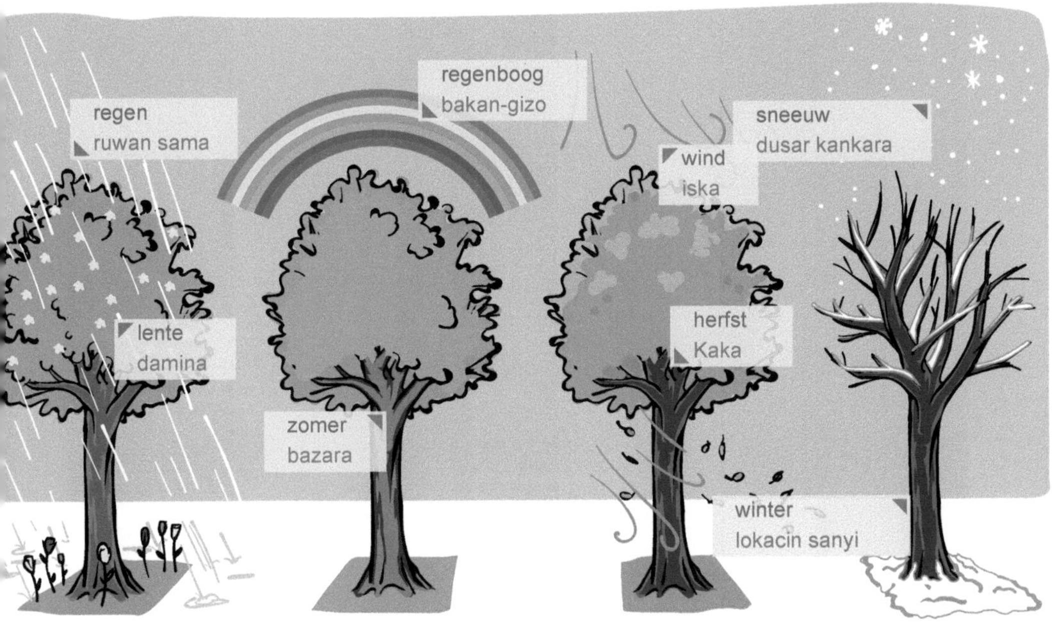

weervoorspelling

hasashen yanayi

F
C
120
90
60
30
0
-30
40
30
20
10
0
-10
-20


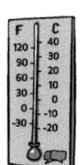

thermometer

na'urar gwajin zafi da sanyi

zonneschijn

hasken rana

wolk

gajimare

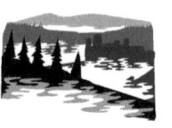

mist

hazo

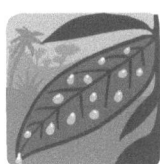

vochtigheid

dumi

bliksem

walkiya

donder

aradu

storm

guguwa

hagel

kankarar ruwan sama

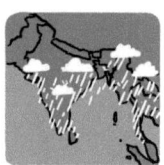

moesson

iskar bazara

overstroming

ambaliyar ruwa

ijs

kankara

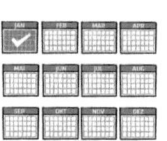

januari

Janairu

februari

Fabarairu

maart

Maris

april

Afirilu

mei

Mayu

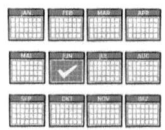

juni

Yuni

juli

Yuli

augustus

Agusta

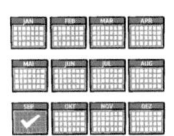

september
................
Satumba

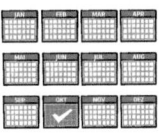

oktober
................
Oktoba

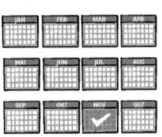

november
................
Nuwamba

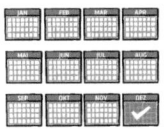

december
................
Disamba

cirkel
................
da'ira

kwadraat
................
murabba'i

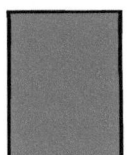

rechthoek
................
kusurwa hudu

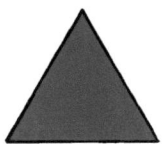

driehoek
................
kusurwa uku

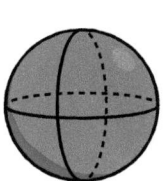

bol
................
mulmulalle

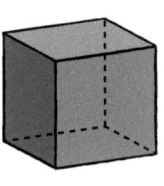

kubus
................
dunkule

wit

fari

geel

rawaya

oranje

ruwan lemo

roze

ruwan shanshanbali

rood

ja

paars

garura

blauw

shudi

groen

kore

bruin

ruwan kasa

grijs

ruwan toka

zwart

baki

veel / weinig
..................
da yawa / kadan

boos / kalm
..................
fushi / nutsuwa

mooi / lelijk
..................
kyakkyawa / mummuna

begin / einde
..................
farko / karshe

groot / klein
..................
babba / karami

licht / donker
..................
mai haske / mai duhu

broer / zus
..................
dan uwa / 'yar uwa

proper / vuil
..................
mai tsafta / kazami

volledig / onvolledig
..................
cikakke / maras cika

dag / nacht
..................
rana / dare

dood / levend
..................
matacce / mai rai

breed / smal
..................
mai fadi / matsattse

eetbaar / oneetbaar

na ci / ba na ci ba

kwaadaardig / vriendelijk

mugu / mai tausayi

opgewonden / verveeld

mai karsashi / gajiyayye

dik / dun

kakkaura / siriri

eerst / laatst

na farko / na karshe

vriend / vijand

aboki / makiyi

vol / leeg

cikakke / holoko

hard / zacht

mai tauri / mai laushi

zwaar / licht

mai nauyi / marar nauyi

honger / dorst

yunwa / kishin ruwa

ziek / gezond

cuta / lafiya

illegaal / legaal

haramtacce / halastacce

intelligent / dom

mai basira / dakiki

links / rechts

hagu / dama

dichtbij / veraf

kusa / nesa

nieuw / gebruikt

sabo / na-hannu

niets / iets

ba komai / wani abu

oud / jong

tsoho / yaro

aan / uit

kunna / kashe

open / dicht

a bude / a rufe

stil / luid

shiru / kara

rijk / arm

mai arziki / talaka

juist / fout

daidai / bata

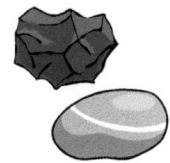

ruw / glad

mai kaushi / mai santsi

droevig / blij

bakin ciki / farin ciki

kort / lang

gajere / dogo

traag / snel

a sannu / da sauri

nat / droog

jikakke / busasshe

warm / koud

dumi / sanyi

oorlog / vrede

yaki / zaman lafiya

**0**

nul

sifili

**1**

één

daya

**2**

twee

biyu

**3**

drie

uku

**4**

vier

hudu

**5**

vijf

biyar

**6**

zes

shida

**7**

zeven

bakwai

**8**

acht

takwas

**9**

negen

tara

**10**

tien

goma

**11**

elf

goma sha daya

**12**

twaalf

goma sha biyu

**13**

dertien

goma sha uku

**14**

veertien

goma sha hudu

**15**

vijftien

goma sha biyar

**16**

zestien

goma sha shida

**17**

zeventien

goma sha bakwai

**18**

achtien

goma sha takwas

**19**

negentien

goma sha tara

**20**

twintig

ashirin

**100**

honderd

dari

**1.000**

duizend

dubu

**1.000.000**

miljoen

miliyan

Engels

Turanci

Amerikaans Engels

Turancin Amurka

Chinees (Mandarijn)

Mandarin na China

Hindi

Hindi

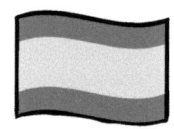

Spaans

Sifaniyanci

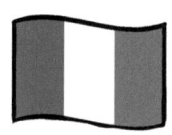

Frans

Faransanci

Arabisch

Larabci

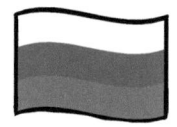

Russisch

Yaren Rasha

Portugees

Yaren Portugal

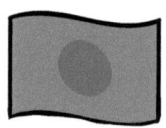

Bengali

Bengali

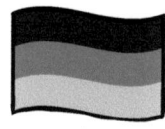

Duits

Yaren Jamus

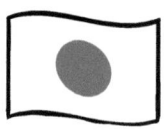

Japans

Yaren Japan

ik
................
ni

u
................
kai

hij / zij / het
................
shi / ita / ita

wij
................
mu

u
................
ku

ze
................
su

wie?
................
wa?

wat?
................
me?

hoe?
................
ya ya?

waar?
................
a ina?

wanneer?
................
yaushe?

naam
................
suna

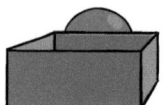

achter

a baya

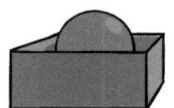

in

a ciki

voor

a gaban

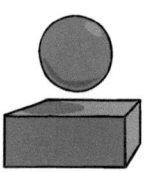

boven

saman

op

akai

onder

karkashi

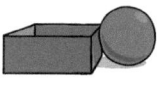

naast

a gefe

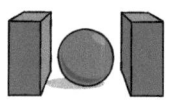

tussen

a tsakani

plaats

wuri